AF498261

INSTRUCTION
PROVISOIRE
SUR L'HABILLEMENT
DES TROUPES.

Du 1.er Avril 1791.

A PARIS,
DE L'IMPRIMERIE ROYALE.

M. DCC. XCII.

INSTRUCTION

PROVISOIRE,

A laquelle se conformeront les Régimens des différentes armes, en a'tendant le Règlement que Sa Majesté se propose de faire rendre incessamment sur l'habillement & l'équipement des Troupes.

Du 1.er Avril 1791.

DE PAR LE ROI.

LES régimens des différentes armes se conformeront, pour la confection de l'habillement, & de l'équipement des hommes & des chevaux, aux dispositions du Règlement du 1.er octobre 1786, en tout ce qui ne sera pas contraire à celles de la présente Instruction.

Règlement de 1786, maintenu.

A

*Encolure des
habits.*

L'encolure de l'habit, dans l'Infanterie, la Cavalerie
& les Dragons, sera tenue assez aisée pour que l'on
puisse passer le doigt entre l'habit & le col, lorsque les
deux crochets du haut des revers & du collet seront
agrafés.

*Boutonnières
supprimées.*

Les trois boutonnières qui étoient ci-devant au-dessous
du revers gauche, sont supprimées; il continuera néanmoins
d'y avoir trois gros boutons au-dessous du revers droit.

*Paremens &
pattes des pare-
mens.*

Les paremens coupés à quatre pouces de hauteur, ne
présenteront, lorsqu'ils seront retroussés, que trois pouces,
non compris le passe-poil en drap du fond de l'habit,
ou de couleur distinctive. Le bout de la manche sera
ouvert sur le côté extérieur, au milieu des deux
coutures. Il sera adapté au côté supérieur de cette ouverture, une patte de quatre pouces & demi de longueur, &
de dix-huit lignes de largeur, non compris les passe-poils,
laquelle doit partager également le milieu de l'avant-bras,
en partant du bout de la manche, & dépassant en consé-
quence la hauteur du parement de dix-huit lignes. Le
parement, dont la largeur sera proportionnée à la grosseur
du bras, ne commencera qu'à la couture qui joint la
patte au côté supérieur de l'ouverture de la manche,
sans empiéter sur la patte, & faisant le tour du bras, se
terminera au côté inférieur : le liséré qu'il doit avoir à
sa naissance, lorsqu'il est de la même couleur de la patte,
bordera exactement la couture de cette patte. Le bout
de la manche sera fermé au moyen de trois boutonnières
qui seront ouvertes sur la patte, dont une à neuf lignes
de chaque extrémité; celle du milieu entre celles-ci,
à distance égale, & de trois petits boutons correspondans,
placés au côté inférieur de la manche.

L'habillement des régimens d'Infanterie Françoise, & de ceux ci-devant connus sous le nom d'Allemands, Irlandois & Liégeois, continuera d'être composé d'un habit & d'une veste, comme par le passé, & d'une culotte de tricot; les remplacemens de l'habit & de la veste seront faits par tiers, à tous les régimens indistinctement, & dans la même qualité de drap.

Habillement de l'Infanterie.

Il sera envoyé incessamment à chaque bataillon d'Infanterie légère un modèle d'habit; les Chasseurs porteront un gilet en drap blanc avec des manches, doublé en plein de cadis blanc. Ce gilet sera tenu assez long pour déborder de deux pouces la ceinture de la culotte; il aura deux poches sur le devant, lesquelles seront sans pattes, elles seront figurées par une bande de drap d'un pouce de large; le gilet sera garni sur le devant, de douze petits boutons uniformes.

Habillement de l'Infanterie légère.

Le premier régiment de Carabiniers continuera de porter l'habit bleu avec les revers, les paremens & pattes de parement écarlate, doublure écarlate. Les agrémens en argent sur les revers, les paremens, le collet & le derrière de l'habit sont supprimés; les boutons continueront d'être timbrés d'une fleur-de-lys. Le second régiment portera le même habit, à l'exception de la patte du parement qui sera bleue; l'un & l'autre auront le collet de la couleur du fond de l'habit.

Habillement des Carabiniers.

L'habillement de la Cavalerie & des Dragons, sera composé comme par le passé, d'un habit & d'une veste qui seront renouvelés tous les quatre ans. L'habit sera façonné comme ceux de l'Infanterie. La veste sera sans poches marquées, & les basques n'auront que trois

Habillement de la Cavalerie & des Dragons.

pouces, à partir du dernier bouton, lequel defcendra au-deffous du bouton du milieu de la culotte.

Les Cavaliers & Dragons s'entretiendront de culottes de peau, au moyen d'un abonnement de fix livres par an, dont il leur fera fait décompte, à raifon de dix fous par mois.

Habillement des Huffards. Il ne fera rien changé au coftume des Huffards; le cinquième régiment, ci-devant Colonel-général, ne portera plus le galon de cinq lignes qu'il avoit pour diftinction particulière à l'extrémité extérieure des ganfes, formant les boutonnières fur la peliffe & le dolman; le colbach & les plumes de héron font défendus.

Habillement des Chaffeurs à cheval L'habillement des Chaffeurs à cheval, fera compofé d'un habit-dolman en drap vert, doublé de cadis blanc, & dont il fera envoyé inceffamment un modèle à chaque régiment, d'un gilet de drap blanc, & d'une culotte à la Hongroife, en drap vert.

Surtout & gilet d'écurie. Indépendamment des parties d'habillemens ci-deffus, chaque Sous-officier, Cavalier, Dragon, Huffard & Chaffeur à cheval, aura un furtout en drap comme ci-devant, lequel fera renouvelé tous les trois ans, & un gilet d'écurie, en tricot, dont la durée fera de quatre ans.

Proportions du gilet d'écurie. Le gilet d'écurie, qui fera de la couleur du fond de l'habit, fera doublé de cadis blanc. Les poches feront ouvertes, mais fans pattes; elles feront feulement garnies à chaque ouverture, par une bande de tricot d'un pouce de large; elles feront en toile, le collet fera renverfé, & les paremens faits en bottes; l'un & l'autre feront de la couleur diftinctive; le gilet fera garni fur le devant, de deux rangées de petits boutons uniformes, de métal, de dix chacune ; il fera tenu affez long de taille, pour dépaffer d'un pouce le premier bouton de la culotte.

Les épaulettes des Grenadiers & des Carabiniers, feront en drap écarlate ; l'extrémité-de l'épaulette qui fera arrondie, fera garnie de quatre rangs de frange de laine écarlate, de la longueur de deux pouces huit lignes : elle ne fera point coufue à l'habit ; elle fera contenue par une bride en fil, placée près la couture de la manche, où paffera une fous-patte en drap, coufue à l'épaulette, & qui fera fixée au bouton près du collet.

Épaulettes des Grenadiers & Carabiniers.

Les épaulettes des habits de Soldats, Cavaliers, Dragons & Chaffeurs à cheval, feront en drap, de la couleur du fond de l'habit, liférées en drap de la couleur tranchante. Elles feront coufues par le bout inférieur, qui figurera un écuffon à trois pointes, près la couture de la manche, & l'autre bout s'attachera à un petit bouton placé près la couture du collet.

Épaulettes, des Fufiliers, Cavaliers, &c.

Les veftes des Caporaux, Appointés, Grenadiers & Fufiliers, auront les collets & les paremens des mêmes couleurs qui fe trouveront fur l'habit, fans avoir de pattes aux paremens.

Collets & paremens des veftes.

Les Tambours, Trompettes & Muficiens, dans toutes les armes, feront vêtus en drap bleu ; les galons des habits des Tambours & Trompettes feront à la livrée du Roi.

Habit des Tambours & Muficiens.

Les Trompette de régimens de Chaffeurs à cheval, porteront un frac à la françoife, pareil à celui des Trompettes des Huffards : leur culotte fera de peau blanchie.

Les marques diftinctives des grades des Sous-officiers dans les régimens de Chaffeurs à cheval feront abfolument les mêmes que celles des régimens de Huffards.

Marques diftinctives des grades.

Les marques diftinctives du grade de Caporal-fourrier

Caporal ou Brigadier-fourrier.

dans l'Infanterie, & de Brigadier-fourrier dans les Troupes à cheval, feront les mêmes que celles du grade de Caporal ou Brigadier. Il fera de plus ajouté une bande de galon d'argent fin, de dix lignes de large, coufue en travers fur le dehors de la manche, au-deffus du pli du bras.

Coïffure de l'Infanterie & des Chaffeurs à cheval.

La coiffure des régimens d'Infanterie Françoife, de ceux ci - devant connus fous le nom d'Allemands, Irlandois & Liégeois, des bataillons d'Infanterie légère, & des régimens de Chaffeurs à cheval, fera un cafque en feutre ou cuir vernis, dont il fera envoyé des modèles à chaque corps.

Artillerie.

La coiffure du Corps-Royal d'Artillerie continuera d'être en chapeaux.

Grenadiers.

Les Grenadiers de l'Infanterie, & les Carabiniers porteront un bonnet de peau d'ours : celui des Grenadiers aura treize pouces de hauteur, & fera garni fur le devant d'une plaque unie de métal jaune, quelle que foit la couleur du bouton; cette plaque fera timbrée dans le milieu d'une grenade en relief: le bonnet fera orné de cordons en fil blanc, le derrière fera recouvert en drap écarlate pour tous les régimens, & de galons en fil blanc. Il fera adapté fur le devant une vifière, & au côté gauche, une plume rouge pour les deux compagnies indiftinctement de chaque régiment.

Carabiniers.

Le bonnet des Carabiniers fera de deux pouces moins élevé que celui des Grenadiers ; il fera fans plaque fur le devant, & pareil pour tout le refte, ainfi que pour la plume, à celui des Grenadiers.

Cavalerie.

La coiffure de la Cavalerie fera un chapeau uni, qui fera renouvelé tous les deux ans.

Les Grenadiers & les Carabiniers auront un chapeau, indépendamment du bonnet de peau d'ours: ce chapeau fera renouvelé tous les trois ans. Le chapeau fera de fix pouces d'ailes pour les Cavaliers & Carabiniers, & de cinq pouces & demi pour les Grenadiers. Il fera, pour les uns & les autres, bordé d'un petit galon de laine noire de neuf lignes de large. L'aile du côté gauche fera arrêtée par une ganfe double en fil blanc, de fix lignes de large, quelle que foit la couleur du bouton. Cette ganfe qui formera un écuffon par le bas, fera attachée à un petit bouton uniforme.

Les Dragons conferveront leur cafque.   *Dragons.*

Il fera donné tous les trois ans, aux Adjudans des régimens d'Infanterie, des bataillons d'Infanterie légère, des Dragons & des Chaffeurs à cheval, outre le cafque dont ils doivent être coiffés, un chapeau uni. La ganfe de ces chapeaux du côté gauche, ainfi que de ceux des Sergens-majors & Sergens des Grenadiers, des Maréchaux, des-logis en chef & ordinaires de la Cavalerie & des Carabiniers, fera en galon d'argent de fix lignes de large.

Les cafques de l'Infanterie de ligne & légère, feront   *Plumets.*
ornés, les jours de parade feulement, d'un plumet blanc, furmonté de plumes, de la couleur diftinctive du régiment.

Dans les régimens à cheval, le plumet fera noir, & furmonté de plumes de la couleur diftinctive du régiment.

En tenue journalière, les Sous-officiers, Grenadiers, Fu-   *Houpes & co-*
filiers, Carabiniers, Cavaliers, Dragons & Chaffeurs à   *cardes.*
cheval, porteront une houpe de laine ronde, de trois pouces de hauteur, & de deux pouces de diamètre, dans la forme du modèle qui fera envoyé, lefquelles houpes feront

accompagnées, ainſi que les plumets, de la cocarde nationale; cette cocarde aura trois pouces & demi de diamètre pour les chapeaux, & deux pouces ſeulement ſur les caſques.

 Le bonnet de police pour toutes les armes, ſera de la couleur du fond de l'habit ou dolman : il ſera façonné à la dragonne; ſa largeur ſera proportionné à la groſſeur de la tête; il aura vingt-un pouces de hauteur, du bas à la pointe, le tour étant relevé. Ce tour aura quatre pouces de hauteur, & ſera bordé à plat, d'une bande de drap de la couleur diſtinctive, de ſix lignes de large dans l'Infanterie & l'Artillerie : dans les Troupes à cheval, il ſera bordé d'un galon de fil ou de laine blanche, de même largeur. Le tour du bonnet ſera ouvert ſur le devant, pour pouvoir être rabattu ſur les oreilles, dans les temps froids & humides, & être attaché ſous le menton par des agrafes. Cette ouverture ſera cachée par un écuſſon en drap, de quatre pouces de large, & de quatre pouces & demi de hauteur, dans le milieu duquel il ſera couſu une grenade en drap rouge pour les Grenadiers, Carabiniers & Dragons; une fleur-de-lys en drap de la couleur diſtinctive pour les Fuſiliers, Cavaliers & Huſſards, & un corps-de-chaſſe pour les Chaſſeurs à pied & à cheval. Le bonnet ſera doublé en toile dans la rondeur de la tête ſeulement; la partie formant la pointe au-deſſus de l'arrondiſſement de la tête, ne ſera que d'un ſimple drap, ſans être doublé : il ſera garni dans le bout d'en haut, d'une frange de drap, moitié de celui du fond du bonnet, & moitié de celui de la couleur diſtinctive dans l'Infanterie & l'Artillerie, & d'une petite houpe en fil blanc dans les Troupes à cheval ; ces houpettes n'auront que vingt lignes de hauteur. A fix pouces au-deſſous de cette frange, du côté gauche, il fera couſu une porte, & à quatorze pouces plus bas, une agrafe pour fervir à remployer & fixer la pointe du bonnet fur le tour.

Les gibernes, porte-gibernes, porte-mouſquetons, *Équipement.*
ceinturons, baudriers, bretelles de fuſils & de mouſ-
quetons ou de carabines, les ſabres, caiſſes; porte-
caiſſes & toute la buffleterie en général, demeurera
telle qu'elle eſt fixée par le Règlement de 1786,
à l'exception des baudriers des Sous-officiers & Grenadiers dans l'Infanterie, auxquels il n'y aura plus de porte-
baïonnette, devant être attaché ſur le bord de la partie
antérieure de la banderolle de la giberne, comme
à celle des Fuſiliers. Le ceinturon des Chaſſeurs à
cheval fera pareil à celui des Huſſards, avec cette
feule différence qu'il n'aura point les courroies deſtinées
à porter la fabretache.

Les brandebourgs ſur les manteaux de la Cavalerie *Manteaux.*
& des Dragons ſont ſupprimés. Les manteaux des Chaſſeurs à cheval feront en drap vert teint en pièce; le
devant ne ſera point parmenté, ils feront façonnés comme
ceux des Huſſards, & auront un capuchon.

Les porte-manteaux de toutes les troupes à cheval *Porte-manteaux.*
indiſtinctement, feront en tricot bleu pour la Cavalerie,
vert pour les Dragons & les Chaſſeurs à cheval, &
de la couleur du dolman pour les Huſſards. Ils feront
bordés d'un galon de fil ou de laine blanche, de neuf
lignes de large dans la Cavalerie, les Dragons & les
Chaſſeurs à cheval. Ce galon fera blanc ou jaune dans
les régimens de Huſſards, ſuivant la couleur des boutons.

Nouvelles pro-
portions des porte-
manteaux.

Le porte-manteau de la Cavalerie & des Dragons fera à l'avenir coupé rond. Il aura dans la Cavalerie de trente à trente-un pouces de longueur, & dans les Dragons de vingt-huit à trente. Les extrémités arrondies auront huit pouces de diamètre, non compris les coutures; le numéro du régiment fera formé en petit galon de fil blanc de trois lignes de large & d'une manière apparente, dans le milieu du rond de chacune des deux extrémités. L'ouverture du porte-manteau fera de quinze pouces; il y fera ajouté une petite patte pour la fermer, au moyen de ficelles en boucles, qui feront coufues au porte-manteau. Il fera de plus ajouté au porte-manteau une grande patte de toute fa longueur, & de treize pouces de large, laquelle formera un recouvrement fous lequel fera placé le furtout, & le fac à avoine. Cette patte fera fermée par trois contre-fanglons qui y feront coufus, & trois boucles enchapées qui feront attachées à la partie inférieure.

Le porte-manteau fera doublé dans fon intérieur en treillis, ainfi que dans la partie du recouvrement : cette doublure y formera deux poches ouvertes dans le milieu, pour y ferrer tous les uftenfiles du cheval. Il fera ajouté une poche en treillis de chaque côté au-deffous du recouvrement & de toute fa largeur, lefquelles feront affez amples pour pouvoir y placer un pain de munition dans chaque.

Sous le porte-manteau & dans la partie portant fur le couffinet de la felle, il fera coufu trois paffans en cuir fort; favoir, un au milieu, & un à chaque extrémité, afin d'indiquer avec précifion, le point par où devront paffer les courroies deftinées à contenir la charge. A la naiffance de la grande patte & dans la même direction, feront trois ouvertures pour paffer pareillement les courroies. Le porte-manteau contiendra tous les effets du petit équipement, ainſi que le gilet d'écurie & la culotte de peau de rechange.

Au moyen du porte-manteau, dans la forme qui vient d'être réglée, il ne ſera plus donné de beſace.

Les houſſes de tous les régimens de Cavalerie & de Carabiniers ſeront en drap bleu; celles des Dragons en drap vert. Elles ſeront les unes & les autres bordées d'un galon de fil blanc à grains d'orge de dix-huit lignes de large; leur proportion ſera comme ci-devant. Dans la Cavalerie & les Dragons, il ſera poſé, ſur chacun des coins de derriere de la houſſe, le numéro du régiment en petit galon de fil blanc de trois lignes de large.

Les deux régimens de Carabiniers auront ſur leurs houſſes, une grenade brodée en fil blanc ou façonnée en drap blanc, au lieu de numéro.

Les chaperons ſeront ſupprimés, & ſeront remplacés par une demi-ſchabraque en peau de mouton blanche; cette demi-ſchabraque ſera de vingt-ſix pouces de longueur pour la Cavalerie & les Carabiniers, & de deux piéds pour les Dragons, ne devant point dépaſſer le trouſſequin du derrière de la ſelle, & de trois pieds de largeur pour tous; le tout meſuré dans le milieu de l'échancrure, ſoit en longueur, ſoit en largeur : elle ſera prolongée aſſez en avant au-delà de l'arçon, pour bien couvrir les fontes des piſtolets. La ſchabraque ſera garnie au pourtour, d'une bande de tricot feſtonnée, de la couleur diſtinctive du régiment, & fixée ſur la ſelle, au moyen d'une ſangle faiſant ſurfaix, laquelle aboutira à des paſſans couſus ſous la ſchabraque, & ſera

attachée fous le ventre du cheval, par une boucle &
un contre-fanglon.

Couffinet de la felle. Le couffinet de la felle deftiné à porter le porte-manteau, fera ouvert dans le milieu. Il fera ajouté un troifième anneau au crampon de fer qui eft fur l'arçon du devant, lequel fera garni d'une courroie en cuir, avec une boucle deftinée à attacher le manteau dans les circonftances où on n'auroit pas le temps de le ployer & de le placer fur le porte-manteau, où il doit être habituellement porté.

Porte-manteaux des Chaffeurs à cheval. Les porte-manteaux des Chaffeurs à cheval, feront façonnés dans les proportions prefcrites par le Règlement de 1786, pour les Huffards : les extrémités qui feront arrondies, feront bordées d'un galon de fil blanc de neuf lignes ; & dans les régimens de Huffards, ce galon fera blanc ou jaune, fuivant la couleur des boutons. Le numéro du régiment fera formé pour les uns & les autres, en petit galon de trois lignes de large, dans le milieu du rond de chaque extrémité, qui aura vingt pouces de circonférence.

Équipement du cheval. L'équipement du cheval des Chaffeurs à cheval, fera abfolument façonné à la hongroife, & pareil à celui des Huffards. Le numéro du régiment fera gravé fur la garniture en cuivre qui eft au croiffant de la bride, ainfi qu'au poitrail. Les mords des brides feront fans boffettes.

Schabraque. La fchabraque fera de peau de mouton blanche, garnie au pourtour d'une bande de tricot feftonnée, de deux pouces de large, & de la couleur diftinctive affectée à chaque régiment.

Bottes & porte-manteaux Il fera fourni des bottes & un porte-manteau aux

Carabiniers, Cavaliers, Dragons, Huſſards & Chaſſeurs à cheval non montés.

En attendant le Règlement ſur l'adminiſtration & la comptabilité qui ſera rendu inceſſamment, le Conſeil d'adminiſtration de chaque régiment eſt prévenu qu'il lui ſera fourni par l'adminiſtration du département de la guerre, les objets ſuivans :

aux hommes non montés.

Par qui fournis !

S A V O I R ;

Sur la partie de la maſſe générale affeĉtée à l'habillement des Troupes & à l'équipement des hommes & des chevaux.

1.° Les draps, tricots, cadis ou ſerges, toiles & boutons pour les habits, les veſtes & culottes des régimens d'Infanterie Françoiſe & de ceux ci-devant connus ſous le nom d'Allemands, Irlandois & Liégeois, de ceux d'Artillerie, des Mineurs & Ouvriers & des bataillons d'Infanterie légère, y compris les Tambours.

Fournitures par l'adminiſtration du Département de la guerre.

Pour les habits, veſtes, ſurtouts, gilets d'écurie, manteaux, porte-manteaux & houſſes des Carabiniers, de la Cavalerie & des Dragons, y compris les Trompettes.

Pour les peliſſes, dolmans, habits-dolmans, gilets, ſurtouts, gilets d'écurie, culottes à la hongroiſe, manteaux & porte-manteaux des Huſſards, Chaſſeurs à cheval & Trompettes.

Pour les bonnets de police dans toutes les armes.

2.° L'adminiſtration fournira de plus le drap écarlate, avec les franges de laine, de même couleur, pour les épaulettes des Grenadiers & des Carabiniers.

3.º Les casques en feutre ou cuirs vernis pour l'Infanterie de ligne & légère, & les Chasseurs à cheval.

4.º Les casques en cuivre pour les Dragons.

5.º Les bonnets de peau d'ours pour les Grenadiers
de l'Infanterie & les Carabiniers.

6.º Les sabretaches pour les Hussards.

7.º Les sabres & les ceinturons de toutes les armes.

8.º Les gibernes, porte-gibernes, & bandoulières.

9.º Les bretelles de fusils, de mousquetons & de
carabines.

10.º Les fûts de caisse en cuivre, les colliers de Tambours.

Sur la masse des remontes.

Chevaux de re-
monte, & couver-
tures de laine.

L'administration fera fournir à l'avenir sur cette masse
les chevaux de remonte & les couvertures de laine pour
mettre sous la selle.

Sur la masse particulière qui sera à la disposition du Conseil d'Administration, les Régimens auront à se pourvoir des objets suivans;

Fournitures à
la charge des ré-
gimens.

1.º Des façons des habits, vestes & culottes dans l'Infanterie de ligne & légère, les régimens d'Artillerie,
les compagnies de Mineurs, & d'Ouvriers, y compris les
Tambours & Musiciens.

Des façons des habits, vestes, surtouts, gilets d'écurie,
manteaux, porte-manteaux & housses dans les Carabiniers,
la Cavalerie & les Dragons, y compris les Trompettes.

De celles des pelisses, dolmans, habits-dolmans,
gilets, surtouts, gilets d'écurie, culotte à la hongroise,

manteaux & porte - manteaux de Huſſards, & Chaſſeurs à cheval , y compris les Trompettes.

De la façon des bonnets de police dans toutes les armes.

2.° De l'abonnement de ſix livres par homme & par an, pour les culottes de peau des Carabiniers, Cavaliers, Dragons, de leurs Trompettes, ainſi que de ceux des Huſſards & des Chaſſeurs à cheval.

3.° De la fourniture des galons de livrée du Roi, pour les habits des Trompettes & Tambours.

4.° Des galons d'or ou d'argent, & de fil ou de laine, pour les marques diſtinctives des grades des Sous-officiers, y compris les Tambours & Trompettes-majors, & les Chefs - muſiciens ; des Appointés, des Maîtres ouvriers, des Muſiciens, des rengagés dans toutes les armes, & des hautes-payes de l'Artillerie.

5.° Des épaulettes des Adjudans & des Mineurs.

6.° Du galon de fil pour border les houſſes de la Cavalerie, des Carabiniers, des Dragons & les porte-manteaux de toutes les troupes à cheval.

7.° De la bordure des peliſſes des Huſſards, des galons, treſſes, ou cordonnets, de la peau rouge qui garnit le bas du dolman, de la ceinture de la culotte, des ſchakos & des écharpes.

8.° Des chapeaux des Grenadiers, Cannoniers, Mineurs, Ouvriers, Carabiniers, Cavaliers & de leurs Sous-officiers, ainſi que de ceux des Trompettes de Huſſards & des Adjudans de toutes les armes.

9.° Des plumets & des houpes de laine dans toutes les armes.

10.° De la fourniture des bottes de toutes les troupes à cheval.

11.° Des brides, des selles, & de tout l'équipage qui en dépend, des schabraques ou demi-schabraques.

Sur la partie de la masse des remontes qui demeurera à la disposition du Conseil d'administration, les régimens seront de plus chargés ;

Objets à la charge de la masse des remontes.

1.° De la fourniture des gants dits à la crispin.

2.° Du ferrage & des médicamens des chevaux.

3.° Du remplacement & entretien des bridons d'abreuvoir, licols, sangles, surfaix, longes, cordes à fourrage, & sacs à avoine.

Ustensiles d'écurie.

Quant aux ustensiles d'écurie, tels que les étrilles, brosses, éponges, peignes, ciseaux, ils continueront d'être à la charge des Carabiniers, Cavaliers, Dragons, Hussards & Chasseurs à cheval, & seront fournis sur leur décompte de linge & chaussure.

Le Règlement qui sera rendu concernant l'administration déterminera la manière dont il sera pourvu au remplacement & à l'entretien des balais, pelles, fourches, lampes, falots, sceaux & baquets, &, jusqu'au moment où ce Règlement sera rendu, on se conformera à ce qui est prescrit par les Ordonnances.

Devis de fournitures envoyées aux régimens.

Les régimens des différentes armes, qui ont reçu l'ordre de se porter au complet de guerre, se conformeront au devis qui leur sera envoyé incessamment des fournitures qui leur seront faites par l'administration, & de celles dont le Conseil d'administration devra se pourvoir pour l'ha-

billement & l'équipement des hommes d'augmentation,
& l'harnachement des chevaux.

La briéveté du temps ne permettant pas de fournir des *Emplette des chapeaux par le Conseil d'administration.*
casques aux régimens d'Infanterie, pour leur augmen-
tation, le Conseil d'administration de ces régimens, ainsi
que de ceux de Cavalerie sont autorisés à se pourvoir de
chapeaux. Quant aux régimens de Dragons & de Chasseurs à cheval, comme il a été pris des moyens pour
leur fournir la quantité de casques nécessaires à leur aug- *Casques.*
mentation, ils seront plus particulièrement instruits par
l'administration de l'époque où cette fourniture pourra
leur être faite.

Les régimens ci-devant Esterhasy, Saxe & Lauzun *Schakos.*
Hussards, se pourvoiront des schakos qui leur sont nécessaires, par les soins du Conseil d'Administration.

Tous les régimens, soit à pied, soit à cheval, se
conformeront au surplus, pour la distinction de leur
uniforme, aux tableaux ci-joints. Le Règlement qui sera
rendu, contiendra d'ailleurs tous les détails nécessaires
pour établir la plus parfaite uniformité dans toutes les
parties de l'habillement & de l'équipement, tant des
Officiers que des Soldats.

A Paris, le premier avril mil sept cent quatre-vingt-
onze. *Signé* LOUIS. *Et plus bas,* DUPORTAIL.